Chich-Ping Hu

Análise Teórica e Empírica sobre a Transferência de Direitos de Urbanização

Chich-Ping Hu

Análise Teórica e Empírica sobre a Transferência de Direitos de Urbanização

ScienciaScripts

Cover image: www.ingimage.com

This book is a translation from the original published under ISBN 978-620-2-01402-1.

Publisher:
Sciencia Scripts
is a trademark of
Dodo Books Indian Ocean Ltd. and OmniScriptum S.R.L publishing group

120 High Road, East Finchley, London, N2 9ED, United Kingdom
Str. Armeneasca 28/1, office 1, Chisinau MD-2012, Republic of Moldova, Europe
Printed at: see last page
ISBN: 978-620-7-68223-2

ÍNDICE DE CONTEÚDOS:

Análise teórica e empírica da transferência de direitos de desenvolvimento aplicada na aquisição de infra-estruturas públicas em Taiwan

Chich-Ping, Hu

(Professor Associado, Departamento de Planeamento Urbano e Gestão de Catástrofes,

Universidade Ming Chuan, Taiwan)

chphu@mail.mcu.edu.tw

O autor correspondente do manuscrito foi diretor do Departamento de Gestão Hoteleira da Universidade de Chung Hua, em Taiwan, e até agora dedica-se a tempo inteiro ao ensino no Departamento de Planeamento Urbano e Gestão de Catástrofes da Universidade de Ming Chuan, em Taiwan. As actividades de investigação do autor incluem a política de desenvolvimento urbano, a avaliação de bens ambientais e a análise do comportamento individual.

O autor gostaria de agradecer ao Ministério da Ciência e Tecnologia, R.0.C., por apoiar financeiramente esta investigação ao abrigo do contrato n.º MOST 106-2410-H-130-055 -. Agradece-se a Ted Knoy pela sua assistência editorial.

Endereçar a correspondência para: Chich-Ping, Hu, No.5 DeMing Rd., GweiShan District, 333 TaoYuan City, Taiwan. Telefone: +886-3-3507001 ext.5050. Fax: +886-3-3593886.

O endereço eletrónico do autor é chphu@mail.mcu.edu.tw.

Análise teórica e empírica da transferência de direitos de desenvolvimento aplicada na aquisição de infra-estruturas públicas em Taiwan

Chich-Ping, Hu

(Professor Associado, Departamento de Planeamento Urbano e Gestão de Catástrofes,

Universidade Ming Chuan, Taiwan)

chphu@mail.mcu.edu.tw

ABSTRACT ■' *O sector público tem sofrido durante muitos anos um encargo financeiro na aquisição de terrenos para instalações públicas em Taiwan. Para a aquisição de terrenos é adotado o Regulamento da Área de Pavimento Transferível para o Planeamento Urbano. A principal preocupação é a influência na qualidade ambiental quando o lote recebe uma área de solo. A política de "Libertação de terras agrícolas" libertará 160.000 hectares de terras agrícolas no futuro. É necessário analisar as influências desta política na estrutura espacial resultante das áreas excedentes. A área de investigação situa-se num bairro de desenvolvimento recente que, devido à política de libertação de terrenos agrícolas, foi alterado de uso agrícola para uso de desenvolvimento urbano. O objetivo deste estudo é determinar os lucros do promotor' s em vários cenários, com base na teoria dos jogos, através do método do fluxo de caixa descontado. O papel do sector público neste jogo é maximizar a intensidade do desenvolvimento e oferecer um ambiente adequado para a futura transferência de área. O promotor e o proprietário da reserva de terreno para instalações públicas tomam decisões durante o jogo quando é anunciado o* *montante da área a transferir. Por fim, este estudo utiliza a forma estratégica da matriz para converter o resultado da análise financeira em compensações, a fim de identificar a solução de equilíbrio de Nash.*

Classificações JEL: **Q25; Q51; RII**

PALAVRAS-CHAVE: *Encargos financeiros, área útil transferível, libertação de terras agrícolas, fluxo de caixa atualizado, equilíbrio de Nash*

I. INTRODUÇÃO

Em Taiwan, a utilização do zonamento para gerir e controlar a utilização do solo urbano provocou fortes desproporções nos interesses dos proprietários cujos terrenos se situam nos diferentes distritos de utilização do solo. Os proprietários de terrenos para equipamentos públicos utilizam ad hoc os seus terrenos de forma mais limitada do que os proprietários de terrenos para construção, e as indemnizações por expropriação são muito inferiores aos valores de mercado dos terrenos para equipamentos públicos. Simultaneamente, as dificuldades financeiras universais das autarquias locais tornam-nas ainda mais incapazes de expropriar os terrenos dos equipamentos públicos. Isto não só prejudica os interesses dos proprietários, mas também diminui as qualidades ambientais urbanas. As instituições actuais não têm sido capazes de lidar com os problemas profundos e com os novos problemas, como a manutenção de espaços abertos, a preservação de locais históricos ou marcos históricos, a proteção de terras agrícolas, etc. Muitos académicos e peritos nacionais recomendam os "direitos de desenvolvimento transferíveis" (TDR) para ultrapassar as dificuldades actuais.

De acordo com o Tai 90 Nei Ying Tzu n.º 9083967 do Ministério do Interior, de 8 de junho de 2001, os pontos 2 e 3 do n.º 1 do artigo 6.º do Regulamento de cedência de terrenos para planeamento urbano (RFATUP) entraram em vigor em 1 de julho de 2001. De acordo com estes artigos, o RFATUP pode ser aplicado para adquirir a reserva de terreno para instalações públicas. A aquisição de reservas de terrenos com direitos de superfície transferíveis pode ajudar o governo a eliminar o impasse de vários anos na expropriação de reservas de terrenos. No entanto, tendo em conta os aspectos ambientais globais da região, a transferência forçada de áreas de terrenos para instalações públicas para regiões vizinhas é suscetível de afetar o tráfego, a qualidade de vida, a qualidade dos serviços das instalações públicas e a paisagem das ruas. Atualmente, o RFATUP prescreve que a área de terreno não deve exceder 30% da sua disposição regulamentar de base. Em suma, se as instruções deste regulamento forem cumpridas, a área de terreno a receber aumentará até 30%. Os custos externos, como o tráfego intenso, a escassez de habitação, a degradação do ambiente, a insuficiência de equipamentos públicos e a decadência da ordem social, prejudicarão a cidade se for transferida uma superfície demasiado grande.

Além disso, a viabilidade financeira é essencial para a transferência de direitos de superfície. A maior parte dos estudos recentes verificou que os terrenos numa cidade antiga são fáceis de receber devido ao seu elevado valor. Por conseguinte, os direitos de superfície transferíveis só podem ser aplicados a cidades antigas e afectariam significativamente as zonas circundantes. Além disso, os sectores públicos compensam frequentemente os proprietários de terrenos por 140% do valor atual dos terrenos quando expropriam os seus terrenos. Os benefícios da venda das superfícies serão comparados com o preço de aceitação oferecido pelo governo aquando da transferência de terrenos. Por conseguinte, será encontrada a forma que melhor satisfaz os interesses dos proprietários de terrenos.

O problema da obtenção de terrenos para instalações públicas não foi resolvido recentemente. Devido à necessidade urgente de adquirir reservas de terrenos com direitos de superfície transferíveis, este estudo procura adotar uma "perspetiva financeira" das duas partes na atividade de transferência de superfície e analisar o processo de disputa entre o proprietário de reservas de instalações públicas e o promotor com base na teoria dos jogos. Além disso, é efectuado um estudo sobre a capacidade de aquisição de terrenos para equipamentos públicos com direitos de superfície transferíveis.

II. LITERATURA SOBRE O DIREITO DE DESENVOLVIMENTO TRANSFERÍVEL

O sistema de transferência de superfície utilizado em Taiwan deriva da transferência de direitos de desenvolvimento (TDR). O papel que a transferência de direitos de urbanização desempenhará como técnica de utilização dos solos e de financiamento público em Taiwan não é fácil de avaliar. Em termos conceptuais, o dispositivo está a dar os primeiros passos. Até 2001, os governos de Taiwan reservaram doze mil hectares de terrenos para serem utilizados em infra-estruturas públicas. A requisição de terrenos a proprietários privados por parte do governo para a utilização de equipamentos públicos conduz a um embaraço financeiro devido às enormes despesas públicas (quadro 1). O quadro 1 mostra a indisponibilidade do governo local, o condado de Hisn Chu, para adquirir terrenos para utilização pública. Quanto mais elevada for a taxa de aquisição, mais pesados serão os encargos financeiros deste condado. Para a aquisição de terrenos, é necessário prever um orçamento de oito biliões de dólares. Nos últimos anos, as receitas anuais do governo nacional aproximaram-se dos dois biliões de dólares, o que resultou na indisponibilidade de adquirir uma área de terra suficiente para uso público. A Agência de Construção e Planeamento do Ministério do Interior aplica o TDR para resolver este problema de aquisição de terrenos. Cada moeda tem duas faces, no caso da aplicação do TDR em Taiwan, por um lado, a agência pública do governo poderia adquirir terrenos reservados para uso público para aumentar o bem-estar social, mas, por outro lado, o excesso de população devido à transferência da área útil das instalações públicas diminuiria a qualidade de vida do município (Quadro 2). O Quadro 2 mostra a influência da Transferência de Direitos de Urbanização aplicada à aquisição de terrenos para utilização pública em Taiwan. A qualidade de vida é afetada negativamente pelo aumento da população devido ao excesso de área útil dos terrenos reservados para instalações públicas cujo direito de desenvolvimento é transferido para outro local de receção.

Quadro 1 Taxa de aquisição de instalações públicas no condado de Hsin Chu, Taiwan 2015

Urbano Planeamento	Instalação pública Área (Hectare)	Adquirida Área (Hectare)	Não aquisição Área (Hectare)	Aquisição Taxa (%)
Zhu Bei	352.62	238.33	114.29	67.59
Zhu Dong I	156.51	100.12	56.39	63.97
Zhu Dong II	40.48	8.76	31.72	21.64
Hu Kou	52.45	41.55	10.90	79.21
Ancião Hu Kou	17.81	11.07	6.74	62.16
Xin Feng I	19.18	10.58	8.60	55.16
Xin Feng II	56.28	46.20	10.08	82.09
Bao Shan	26.54	7.34	19.20	27.66
Xin Bu	40.26	20.80	19.46	51.66

Guan Xi	76.19	26.58	49.61	34.89
Heng Shan	26.35	20.86	5.49	79.17
Qiong Lin	35.90	21.14	14.76	58.89
Bei Bu	29.86	18.01	11.85	60.31
Wu Feng	31.29	2.72	28.57	8.69
Alta velocidade	130.39	130.39	0	100
Estação ferroviária				
Ciência Parque industrial	168.89	168.89	0	100
Total	1261.00	873.34	387.66	69.26

Nota: a unidade de medida está entre parênteses

Quadro 2 Influência da transferência dos direitos de urbanização aplicados para aquisição de terrenos na qualidade de vida no condado de Hsin Chu, Taiwan 2015

Urbano Planeamento	Público Instalações Área (Hectare	Adquirida Área (Hectare)	Incumprimento Adquirir Área (Hectare)	200% Utilização como taxa média	Aumento da população após a transferência	Planeamento População	Atual População	Aumento População Em comparaç

	)			de área útil (%)				ão com Planeame nto Populaçã o
Zhu Bei	352.62	238.33	107.67	215.34	43068	132000	84159	-4773
Zhu Dong I	156.51	100.12	55.25	110.50	22100	67000	59100	14200
Zhu Dong II	40.48	8.76	30.81	61.62	12244	21000	8450	-306
HuKou	52.45	41.55	10.27	20.54	4108	23500	5872	-13520
Xin Feng I	56.28	46.20	10.08	20.16	4032	15200	14527	3359
Xin Feng II	19.18	10.58	8.60	17.20	3440	8000	5685	1125
Bao	26.54	7.34	18.86	37.72	7544	3500	4518	8562
Shan								
XinBu	40.26	20.80	16.50	33.00	6600	15000	14225	5825
Guan Xi	76.19	26.58	47.61	95.22	19044	25000	32759	26803

Heng Shan	26.35	20.86	5.49	10.98	2196	6000	4077	273
Qiong Lin	35.90	21.14	14.76	29.52	5904	6000	6500	6404
Bei Bu	29.86	18.01	11.85	23.70	4740	10000	6762	1502
Wu Feng	31.29	2.72	28.57	57.14	11428	2000	917	10345
Elevado Velocida de Carris Estação	130.39	130.39	0	0	0	45000	2008	-42992
Ciência Indústria Parque	168.89	168.89	0	0	0			
Total	1261.00	873.34	371.86	743.72	148744	384200	275647	40191

Nota: a unidade de medida está entre parênteses

O sistema de implementação dos direitos de desenvolvimento transferidos em Taiwan é apresentado no Quadro 3, que indica que os direitos de desenvolvimento de parques, vias públicas, praças e campos verdes situados em locais de envio podem ser transferidos para locais de receção.

Quadro 3 Comparação dos regulamentos relativos aos direitos de transferência de desenvolvimento entre cidades de Taiwan

Governo	Nova cidade de Taipei	Cidade de Taichung	Cidade de Taipei
Implementação Data	25 de fevereiro de 2005	junho/30/2005	26 de setembro de 2006
Enviar site	Aplicação com Regulamentos de Área do piso Transferência para o sector urbano Planeamento (RFATUP)	1. Parque, Parque infantil, Cintura verde, Praça pública 2. Estrada 3. Distrito Atribuído por Governo	1. Monumento e edifício histórico 2. Terrenos reservados para uso público
Receber site	ReceberSite Não pode ser um	Receber sítio Não pode ser um dos	Receber sítio Não pode ser um dos
	dos seguintes casos 1. Zona não urbana 2. Largura da	casos seguintes 1. Zona não urbana 2. Terrenos públicos	casos seguintes 1. Zona adjacente ao Monumento

	estrada adjacente inferior a 8 metros 3. Área adjacente ao Monumento 4. Colina 5. Área cuja licença de construção foi adquirida antes da aplicação do regulamento relativo ao índice de superfície	Instalações 3. Área residencial 4. Colina 5. Área de prestação de serviços Nível baixo Instalações públicas Serviço, população Concentração Área	ou Edifício histórico 2. Colina 3. Residencial Área localizada na zona de proteção 4. Zona não urbana
Área mínima do sítio de receção	Área >300m^2	Área útil > 100m^2	Área >1000m^2
Limite superior da recompensa a granel	Autorização de Lei das transferências a granel	Zona Urbana Antiga: (40%+V)*Referência Granel Todos os outrosÁrea: (70%+V)*Referência a granel V: Rácio de área útil	Incentivo total A granel ≤ Referência A granel*50%

		autorizado pelo Comité de Planeamento Urbano	

Os direitos de desenvolvimento tiveram origem na nacionalização dos direitos de desenvolvimento em Inglaterra e, mais tarde, estenderam-se aos Estados Unidos. Os Estados Unidos aplicaram inicialmente a aquisição de direitos de urbanização (PDR) e os TDR na conservação e manutenção de relíquias e marcos históricos, na aquisição de espaços abertos e na compensação de zonas de desenvolvimento restrito[2] [1-7]. Mais tarde, o Canadá e o Japão adoptaram um sistema de transferência de superfície baseado no conceito de TDR. Uma vez que cada país tem o seu próprio ambiente jurídico, político, social e económico, o método e o resultado da aplicação do sistema variam de país para país. A transferência de superfícies significa transferir para outras regiões as superfícies não utilizadas dentro do limite máximo legalmente permitido e desenvolvê-las, sendo um conceito semelhante ao dos TDR.

Os estudos efectuados em Taiwan sobre a aquisição de terrenos reservados para instalações públicas com direitos de superfície transferíveis podem ser classificados em termos de legislação aplicável, influências ambientais, lote recetor, lote emissor e questões financeiras. A maioria das investigações argumenta que, se o lote recetor estiver localizado numa zona altamente desenvolvida, é provável que o ambiente da zona recetora sofra um pesado encargo. Em contrapartida, a transferência de área útil

1 Mais de quinze governos estaduais e trinta e quatro governos locais preservam permanentemente terras agrícolas através da compra de direitos de desenvolvimento ou permitindo a transferência de direitos de desenvolvimento entre proprietários de terras com base no American Farmland. Trust. Quando um proprietário inscreve uma parcela num programa PDR/TDR, ele vende os direitos de desenvolvimento da terra, mas mantém a propriedade da parcela.

numa zona de desenvolvimento recente é promissora e merece a promoção proactiva do governo. Além disso, a área bruta da zona de desenvolvimento urbano deve permanecer inalterada quando uma zona de desenvolvimento recente é considerada como o lote recetor da transferência de área. Os direitos de desenvolvimento transferíveis devem ser adoptados para evitar o aumento da área útil aquando do desenvolvimento de novas áreas de planeamento urbano. De acordo com o relatório da Agência de Construção e Planeamento do Ministério do Interior, a seleção do lote recetor de superfície deve ter em conta os seguintes pontos 1) áreas de desenvolvimento recente; 2) áreas com elevado valor da habitação e mais procura do que oferta, e 3) áreas vizinhas de estações de transportes colectivos. Os estudos acima referidos indicam que uma zona de desenvolvimento recente é a melhor escolha para a seleção do lote recetor de transferência de superfície.

As zonas de desenvolvimento recente têm algumas limitações em termos de ecologia ambiental. O desenvolvimento bruto da área pode ser controlado com o conceito de TDR em áreas recém-desenvolvidas. Por isso, a acessibilidade ao tráfego e a integração das instalações públicas vizinhas devem ser seriamente consideradas aquando da escolha da localização. A definição da localização e da qualidade dos serviços relevantes do lote recetor torna-se um incentivo para o desenvolvimento da zona e atrairá certamente as empresas para o mercado da transferência de superfície.

Os direitos de construção de quatro tipos de terrenos reservados para equipamentos públicos, estradas, parques, faixas verdes e espaços abertos, podem ser transferidos para os locais de receção. A área útil transferida no local de receção é expressa como

J=Ax *(j)* × *K,* sendo A a área do terreno do local de envio, E o valor anunciado do terreno do local de envio, I o valor anunciado do terreno do local de receção e K o rácio da área útil do local de receção.

Além disso, a criação de um mercado de superfície depende da expansão do mercado imobiliário e das considerações financeiras do promotor. Foi efectuada uma análise financeira baseada no fluxo de caixa atualizado (DCF) sobre a aquisição de terrenos reservados para instalações públicas com direitos de superfície transferíveis. Os resultados da análise indicam que os terrenos numa cidade antiga são fáceis de receber devido ao seu elevado valor. No entanto, o terreno numa cidade nova é difícil de receber devido ao seu valor mais baixo. O caso oposto aplica-se ao lote de envio. Se o lote de envio se situar numa cidade nova, a taxa de desenvolvimento do terreno para instalações públicas aumenta, enquanto o desenvolvimento do mercado imobiliário é sabotado. De acordo com o relatório do Governo da cidade de Taipé, a viabilidade só pode ser assegurada se forem tidos em conta os seguintes aspectos. A transferência da área útil deve ser efectuada com cautela, sem ajustar o desenvolvimento bruto. Além disso, o esquema de seleção e os requisitos para a área útil do lote recetor devem ser confirmados. Finalmente, o valor atual do terreno avaliado do lote recetor e do lote emissor não deve diferir significativamente.

Para garantir uma compensação justa pela transferência de superfície, os proprietários de terrenos podem escolher entre uma compensação pelo direito de desenvolvimento e uma compensação em dinheiro pela expropriação. Os resultados da análise indicam que a indemnização em dinheiro é inferior ao nível aceitável para os proprietários, tornando a transferência de superfície mais difícil de concretizar do que parece à primeira vista. O estudo indica que a área útil deve ser aumentada, em vez de se determinar o rácio entre a área útil e a do terreno vizinho.

A partir dos resultados dos estudos anteriores, podemos inferir o seguinte 1) A zona de desenvolvimento recente é preferida como lote recetor de transferência de área útil. 2) Se o lote recetor se situar numa cidade antiga, é fácil receber a transferência devido ao elevado valor do terreno. Se o lote recetor se situar numa cidade nova, é mais difícil de receber devido ao valor reduzido do terreno. Por conseguinte, o valor atual do terreno avaliado dos lotes recetor e emissor não deve diferir significativamente. 3) Os proprietários de terrenos reservados para instalações públicas têm de escolher entre a indemnização pelo direito de urbanização e a indemnização em dinheiro pela expropriação. A indemnização em dinheiro é demasiado baixa para ser aceite pelos proprietários, tornando a transferência da área útil demasiado difícil de concretizar. Com base nestes pontos, esta investigação tem em conta a localização do lote recetor e as considerações do promotor e dos proprietários de reservas de terrenos, a fim de analisar a viabilidade da aquisição de reservas de terrenos para equipamentos públicos com direitos de superfície transferíveis.

III. QUADRO DE TRANSFERÊNCIA DE ÁREA ÚTIL

3-1 Seleção da localização do lote recetor

As zonas de desenvolvimento recente são claramente preferidas para a localização do lote recetor. Uma cidade antiga não pode facilmente receber transferências de superfície, porque foi construída com um rácio de superfície diferente de uma cidade nova. Além disso, a maioria dos proprietários utilizaria totalmente a área útil, não deixando qualquer área útil adicional para comprar. A única possibilidade consiste em aumentar significativamente o rácio de área útil. No entanto, esta abordagem degrada a qualidade ambiental, mas pode ser viável em zonas de desenvolvimento recente. Por conseguinte, os actuais incentivos em matéria de superfície, que são demasiado fáceis de obter, devem ser inicialmente cancelados. Entretanto, o rácio de superfície de base das explorações agrícolas que libertam terras dos arredores da cidade deve ser reduzido para criar uma procura adicional de transferências de superfície e para evitar numerosos efeitos secundários problemáticos. Assim, a política de libertação de terras agrícolas é a que melhor se coaduna com a transferência de superfícies. Estas duas abordagens devem funcionar em conjunto, pedindo aos promotores que paguem preços razoáveis e oferecendo uma indemnização adequada aos proprietários de terrenos reservados para instalações públicas.

No entanto, a transferência de superfície é aplicável a áreas urbanizadas e não é aplicável a terras agrícolas que não pertençam à área da cidade. Tendo em conta o efeito da política de libertação de terras agrícolas, a globalização da economia e a necessidade de desenvolvimento económico de Taiwan, as terras agrícolas que não são adequadas para a plantação devem ser atribuídas para a transferência de superfícies agrícolas de acordo com o princípio da equidade e da calendarização. Essas áreas agrícolas devem ser classificadas como áreas agrícolas para planeamento urbano. A análise da aplicação da superfície agrícola libertada revela que a sua vantagem reside na sua escala económica interna. As cidades dispõem de infra-estruturas públicas completas e de um baixo custo de desenvolvimento das zonas circundantes. Por conseguinte, os terrenos das cidades podem ser desenvolvidos e totalmente explorados, impedindo o desenvolvimento "a salto" e aumentando a flexibilidade devido à alteração da categoria de utilização dos terrenos. A localização das zonas de planeamento urbano proporciona um melhor potencial de desenvolvimento ambiental do que as zonas agrícolas sem cidades adjacentes. A transformação de zonas agrícolas de planeamento urbano em terrenos de desenvolvimento urbano é suscetível de aumentar significativamente a rentabilidade dos terrenos.

Esta análise indica que uma maior distância entre o lote recetor e o centro da cidade resulta num menor custo de construção de equipamentos públicos. Por outro lado, embora o valor do terreno diminua com o aumento da distância, o custo de construção de equipamentos públicos aumenta. Além disso, o risco de investimento do promotor e o custo de investimento tornam-se demasiado elevados, limitando o êxito do plano de desenvolvimento. Por conseguinte, a área de desenvolvimento deve ser limitada à área de planeamento urbano existente e os projectos de melhoramento devem ser executados nos terrenos da cidade, evitando que a cidade se expanda excessivamente. A divisão internacional do trabalho sob a globalização reduzirá a taxa de utilização de terras agrícolas no futuro. Uma política de libertação de terras agrícolas liberta as explorações que não têm valor económico ou que não são adequadas para plantação. Assim, se o ambiente urbano e a qualidade forem abordados, as terras agrícolas urbanas de baixa utilização podem ser convertidas em novos lotes de receção para a transferência de área útil. Estas áreas têm maior acessibilidade, mais conveniência, um potencial de mercado mais promissor e um custo de construção de instalações públicas mais reduzido do que os terrenos antigos, o que as torna mais viáveis. Por isso, esta investigação considera a transferência de terrenos residenciais convertidos a partir de áreas agrícolas de planeamento urbano.

3-2 A utilização da Teoria dos Jogos na transferência de áreas de pavimento

Em Taiwan, é possível identificar os principais padrões de aplicação da teoria dos jogos pelos académicos à aquisição de terras reservadas para instalações públicas, a fim de estabelecer um modelo teórico para a interação e a aplicação de políticas entre os sectores executivo e legislativo com base na teoria dos jogos. A investigação dos problemas de elaboração e aplicação da lei no sistema de reserva de terrenos para equipamentos públicos é uma preocupação prioritária. Foi proposta a utilização da Teoria dos Jogos no sistema de reserva de terrenos para equipamentos públicos. As principais questões são o número de pessoas envolvidas no jogo, a exaustividade da informação, se a informação é infinita ou finita e o número de vezes que o jogo precisa de ser jogado para encontrar o vencedor.

O sector público é tomado como exemplo de transferência de área útil em Taiwan. A situação dos lotes e as limitações para o seu desenvolvimento devem ser estudadas em primeiro lugar para determinar se é necessário efetuar transferências de superfícies. A autoridade executiva do planeamento urbano informa individualmente os proprietários privados da preservação dos terrenos para instalações públicas após uma avaliação deliberada. Além disso, a autoridade publicita o conteúdo da tabulação. O sector público está envolvido na consulta, coordenação e contacto durante todo o processo. Assim, um promotor que pretenda transferir a área útil para o lote recetor deve entrar em contacto com o proprietário do lote emissor através da autoridade competente. Esta autoridade tornar-se-ia então o intermediário para uma coordenação atempada. Assim, este estudo aplica o "Dilema do Prisioneiro", que é um exemplo famoso da Teoria dos Jogos, para analisar o processo de concorrência entre as duas partes. A Figura 1 mostra a inter-relação entre as medidas que podem ser adoptadas pelo promotor e pelo proprietário da reserva de terreno para equipamentos públicos. Nesta figura, as medidas que o promotor toma são indicadas por *Y* (comprar ou não comprar área) e as medidas tomadas pelo proprietário são indicadas por *X* (vender ou não vender área). *X* e *Y* juntos formam quatro resultados, nomeadamente *A*, *B*, *C* e *D*. Assim, cada jogador neste jogo deve identificar a opção que é mais rentável para si próprio.

	O promotor (Y)	
	Para comprar a área útil	Não comprar a área útil

O proprietário da reserva de terras para instalações públicas (X)	Para vender a área útil	A : 1. Para obter os maiores lucros, o promotor compra a área e o proprietário está disposto a vendê-la. O desenvolvimento pode ser efectuado. 2. O jogo está (realizado OU concluído).	B : 1. O promotor não está disposto a desenvolver o projeto devido à falta de procura. 2. O lucro do investimento é baixo ou mesmo negativo 3. A lei é demasiado rígida. 4. A informação sobre o mercado dos TDR não é corretamente divulgada. 5. O promotor tem o direito de atuar sozinho.
	Não vender a área útil	C : 1. O proprietário da reserva de terras rejeita o TDR. 2. Esperar para ver. 3. Manter o status quo. 4. Considerar outras abordagens, (incluindo OU como) a expropriação, a expropriação por	D : 1. A informação disponível é desigual e ambas as partes rejeitam o TDR. 2. O proprietário e o promotor querem esperar para ver. 3. A lei é demasiado rígida para jogar o jogo.

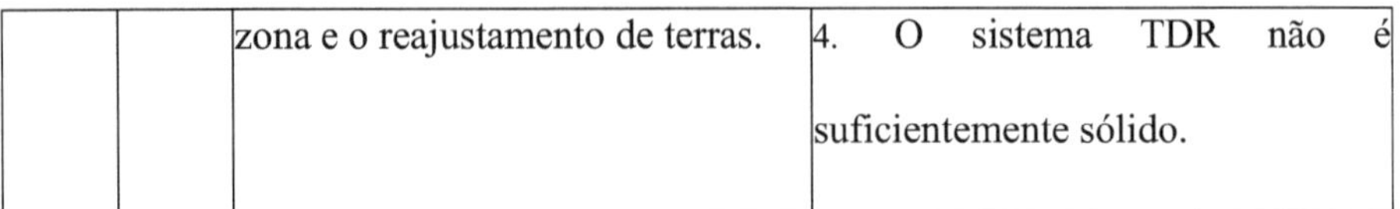

		zona e o reajustamento de terras.	4. O sistema TDR não é suficientemente sólido.

Fig. 1. Inter-relações entre as medidas adoptadas pelo promotor e pelo proprietário do terreno

Fonte: Trabalho de campo do presente estudo.

O sector público, que desempenha um papel muito importante na negociação entre o promotor e o proprietário, deve oferecer informações iguais a ambas as partes, e evitar que os especuladores comprem terrenos reservados destinados a instalações públicas sem compensar adequadamente os proprietários originais. Com informações iguais, as duas partes podem empreender e concluir as transacções. Por outro lado, o fornecimento de informação pública suficiente pode impedir que os especuladores formem um oligopólio. A concorrência entre promotores aumenta o preço a que os proprietários podem vender os seus terrenos e permite que o sector público os adquira sem problemas.

3-3 Construir o método de execução

O planeamento de uma nova área em desenvolvimento - o caso deste estudo é a área agrícola do planeamento urbano pelo sector público - envolve a marcação da área como a região recetora da transferência de área. O sector público torna-se o formulador do jogo quando o planeamento urbano da nova área em desenvolvimento é estabelecido, definindo a intensidade do desenvolvimento dentro da duração (baseada no ano) como o limite superior e derivando o lucro do promotor através do DCF. Para maximizar o lucro e o rendimento do promotor e assegurar a análise de sensibilidade financeira, o rácio de superfície, correspondente à taxa interna de rendimento (TIR), deve ser ajustado e a intensidade de desenvolvimento também deve ser rectificada. A intensidade de desenvolvimento é a área útil padrão para o desenvolvimento futuro da zona. A diferença futura entre a área útil não comprimida e a área útil comprimida é a área útil transferível. O promotor e o proprietário de terrenos reservados para instalações públicas são os concorrentes, uma vez que a área útil planeada é anunciada e aplicada. No jogo, as duas partes tentam fazer a melhor escolha para maximizar os seus lucros. Os promotores podem decidir se compram a área útil à vontade (se comprarem, a área útil pode ser aumentada. No entanto, o preço deve corresponder ao custo de desenvolvimento. Se os promotores não comprarem, devem realizar o empreendimento com a área de construção planeada). O proprietário do terreno reservado para instalações públicas, ao negociar com o promotor, irá certamente comparar o preço oferecido pelo promotor com o preço incerto da expropriação no futuro, e utilizar a taxa de desconto social para converter o preço da expropriação futura em valor atual líquido (VAL) e fazer a melhor escolha através da comparação. Assim, ambos os lados fariam o melhor julgamento, como explicado na Figura 2. Por fim, o jogo de forma estratégica é aplicado para transformar o resultado da análise financeira em compensações, a fim de formar juízos. O concorrente em todo o jogo não é o sector público, mas sim o designer de retorno, como a polícia na teoria do Dilema do Prisioneiro - "Será melhor tratado se fizer uma confissão, e será pior tratado se se recusar a fazê-la." Assim, durante o jogo, apenas o promotor e o proprietário se enfrentam, e o sector público não participa no processo de concorrência.

A Figura 3 mostra o cálculo e os julgamentos do payoff na simulação de jogo apresentada em. O lucro esperado do promotor Y com o desenvolvimento é designado por TIR. Interage com o lucro do proprietário, e a interação constitui os payoffs em quatro situações. Os payoffs são convertidos em valor atual de acordo com a taxa social de preferência temporal e obtém-se a solução de equilíbrio de Nash.

Fig. 2. Fluxograma de funcionamento

Fonte: Trabalho de campo do presente estudo.

		Estratégias de Y - o criador	
		Comprar	Não comprar
Estratégias de X-proprietário da reserva de terras	Vender	PVMRR	PVMRR
	Não vender	PVMRR	PVMRR

Fig. 3. Formulário de estratégia entre o promotor e o proprietário de um terreno reservado a equipamentos públicos

Fonte: Trabalho de campo do presente estudo.

IV. ANÁLISE DE CASOS

Esta secção é a análise de simulação de casos, em que o conceito anteriormente proposto de transferência de áreas para adquirir terrenos reservados para instalações públicas é aplicado para simular o balancete e verificar a conclusão da hipótese. O caso explorado é o da transferência de áreas em Hsinchu, em que o lote emissor é o 422 LunTzu, secção noroeste do terreno reservado a instalações públicas, e a zona do lote emissor é o "bairro da escola primária e cultural". O lote recetor baseia-se no "projeto de expansão e modificação da área agrícola do planeamento urbano especificado nas proximidades do nó rodoviário de Hsinchu, o caso da cidade de Hsinchu"

(abreviado para Chu Second Science Park Project; CSSPP) como objeto de análise de caso. O cálculo do caso centra-se na sua viabilidade financeira e na análise do jogo, pelo que a conclusão da análise pode ser adoptada para verificar a viabilidade. Descrição hipotética

A simulação de um caso semelhante a uma situação real requer a seguinte descrição hipotética do caso simulado. O Parque Científico de Hsinchu é um local onde se encontram muitos trabalhadores de alta tecnologia. A concentração de recursos humanos de alta qualidade torna o ambiente de vida inadequado. Os terrenos não rentáveis da zona agrícola urbanizada circundante estão a ser transformados pelo Governo da cidade de Hsinchu e estão a ser planeadas várias regiões. Para adquirir terrenos reservados a instalações públicas, o Ministério do Interior implementou o RAFTUP. O Gabinete de Desenvolvimento Urbano definiu a percentagem adequada da área recentemente urbanizada como área de receção para garantir um aumento de 30% da área útil, a fim de minimizar o impacto ambiental. Por conseguinte, o Instituto propõe a utilização de áreas residenciais convertidas de áreas agrícolas urbanas como áreas receptoras para a transferência de área útil, e planeia reduzir o rácio de área útil da área residencial para facilitar a transferência de área útil antes do anúncio do projeto. Inicialmente, a Direção dos Serviços propôs um jogo como regra, permitindo que o potencial promotor optasse por comprar a área útil ao proprietário do terreno não desapropriado reservado para instalações públicas, a fim de maximizar os lucros através do aumento da área útil total. No entanto, se o

se o promotor não tiver intenção de comprar, a intensidade de desenvolvimento existente deve ser mantida. Tanto o promotor como o proprietário do terreno reservado a um equipamento público podem optar pela solução óptima com base nas regras.

4-1 O pressuposto para o caso simulado

A Tabela 4 mostra os pressupostos relativos do caso simulado que podem ser listados com base nas descrições acima.

Quadro 4 Hipótese do caso

Item	Conteúdo
Envio do número do terreno do lote	HsinchuCity 422 Secção LunTzu

Tamanho do lote de envio	199m^2
Envio do zonamento do lote	cultural e elementar distrito escolar
Valor do terreno do lote de envio em 2001	28.000 NT$/ m^2
Zonagem da zona periférica do lote de envio	Residencial de classe 1
Rácio de cobertura do edifício e rácio da área útil para o zona periférica do lote de envio	60% , 180%
O valor atual do terreno para a zona periférica do lote de envio	28.000 NT$/m^2
Valor atual do terreno do lote recetor devido ao seu atual estatuto de área agrícola, o valor atual do terreno baseia-se na secção 680 de KuangWu)	21.000 NT$/m^2

Fonte: Trabalho de campo do presente estudo.

4-2 Estimativa prevista da intensidade de desenvolvimento

1. Intensidade de desenvolvimento para os períodos estimados do projeto. Devido às dificuldades no cálculo da intensidade de desenvolvimento após a conversão de terrenos, o CSSPP é adotado como referência, onde o rácio de cobertura de edifícios é de 50% e o rácio de área útil é de 240%. Assim, o rácio de cobertura do edifício e o rácio de área útil são os limites superiores do desenvolvimento no período do projeto.

2. *Ajustamento da intensidade de desenvolvimento.* O Quadro 5 apresenta os rendimentos do promotor de um

plano de desenvolvimento baseado num rácio de cobertura do edifício de 50% e num rácio de área útil de 240%, com um fluxo de caixa atualizado em que a taxa de desconto é de 8%. O Quadro 3 apresenta os resultados de uma análise de sensibilidade do rácio da área útil, a fim de explorar o intervalo de ajustamento para baixo da área útil e a flutuação dos rendimentos do promotor em função do rácio da área útil. Se o rácio da área útil se situar entre 198% e 199%, conforme demonstrado no Quadro 6, então o VAL = 0, ou seja, este rácio da área útil é o ponto de equilíbrio do promotor. A investigação considera que alguns dos lucros e riscos do promotor são adoptados como a expressão mínima de interesse dos promotores de grande escala, que geralmente esperam uma TIR>20%. Por conseguinte, o rácio da área útil é ajustado em baixa para 205%.

3. *Intensidade de desenvolvimento da área anunciada.* Com base no cálculo do ajustamento da intensidade de desenvolvimento, o rácio da área útil de base ajustado para baixo é de 205%.

Por conseguinte, o Gabinete de Desenvolvimento estipula que a intensidade de desenvolvimento da área residencial é de 205%.

Quadro 5 Retorno ao sector privado

Receita bruta em NT$	Taxa bruta de rendibilidade	Taxa de rendibilidade	VAL	TIR	chão

		líquida			
55,591,000	0.24	0.31	7,584,189	0.75	5

Fonte: Trabalho de campo do presente estudo.

Quadro 6 Análise de sensibilidade do rácio da área útil

Rácio da área útil	Bruto receitas em NT$	Taxa de rendibilidade bruta	Taxa líquida de devoluções	VAL	TIR	Taxa de compressão	chão
2.4	55,591,000	0.24	0.31	7,584,189	0.75	0.00	5
2.35	53,048,488	0.23	0.30	6,666,505	0.69	0.98	5
2.3	50,505,975	0.23	0.29	5,748,821	0.62	0.96	5
2.25	47,963,463	0.22	0.28	4,831,137	0.56	0.94	5
2.2	45,420,950	0.21	0.27	3,913,453	0.49	0.92	4
2.15	42,878,438	0.20	0.25	2,995,769	0.41	0.90	4
2.1	40,335,925	0.19	0.24	2,078,084	0.33	0.88	4
2.05	37,793,413	0.19	0.23	1,160,400	0.24	0.85	4
2	35,250,900	0.18	0.22	242716	0.12	0.83	4
1.99	34,742,398	0.18	0.21	59179	0.09	0.83	4
1.98	34,233,895	0.17	0.21	-124358	0.06	0.83	4

Fonte: Trabalho de campo do presente estudo.

4-3 Avaliação do desenvolvimento dos promotores em exemplos reais

O promotor adquire 2.000m^2 (605 ping) de terreno residencial numa área urbanizada a NT$24.200 por m^2 (NT$80.000 por ping), e sabe como aumentar a área útil total utilizando a transferência de área útil para comprar área útil. Por isso, o promotor avalia a viabilidade de comprar a área útil ao proprietário num terreno reservado para instalações públicas.

1. *Desenvolvimento direto (não compra de área útil)*. A taxa de retorno quando se desenvolve com um rácio de cobertura do edifício de 50% e um rácio de área útil de 205% é de 23%. O VAL é de NT$1.160.400 e a TIR é de 24%. Portanto, o projeto é viável.

2. *Aquisição de área de chão ao proprietário na Reserva de Equipamentos Públicos.* A área total do piso pode ser aumentada em 700m^2 quando o rácio da área do piso é de 240%. Por conseguinte, o custo adicional de construção é de 15 975 NT$/m^2 depois de deduzir o aumento da área do piso. O preço máximo do promotor para a área útil é de 12.415 NT$/m^2 ; o VAL relativo para o benefício do desenvolvimento é de NT$5.616.553, e a TIR é de 35%. Estas estatísticas apresentadas no Quadro 7 demonstram que, se o preço de compra da área de pavimento for de 12.415 NT$/m^2 , a TIR é de 35% > 24%. Por conseguinte, a compra da área do piso é mais rentável do que o desenvolvimento direto (não comprar a área do piso).

Quadro 7 Comparação dos efeitos dos padrões de desenvolvimento

Modo de desenvolvimento	VAL	TIR
Desenvolvimento direto (não compra de superfície)	1160400	24%
Cálculo do custo da superfície adquirida	5,616,553	35%

Fonte: Trabalho de campo do presente estudo.

4-4 O dilema da venda da área útil e da expropriação dos proprietários da reserva de equipamentos públicos

A hipótese apresentada nesta secção baseia-se no pressuposto de que os proprietários de terrenos da reserva de equipamentos públicos estão plenamente conscientes das medidas adoptadas pelo Gabinete de Desenvolvimento da cidade de Hsinchu, que propõe a transferência de superfícies para a reserva de equipamentos públicos. As principais preocupações actuais dos proprietários são se o preço do acordo com os promotores é razoável e se o preço de expropriação é mais desfavorável do que o da venda da superfície. Os proprietários só venderão o terreno se o preço do acordo for razoável; caso contrário, preferem esperar por um preço de expropriação melhor por parte do Governo.

1. Julgamento do preço de expropriação atual. O preço de expropriação é o valor atual do terreno, acrescido de 40%, de acordo com a regulamentação em vigor na cidade de Hsinchu. O cálculo do valor futuro de expropriação do proprietário da reserva de instalações públicas é o seguinte

$1{,}4 \times (199m^2 \times NT\$28.000/m^2) = NT\$7.800.800$. O valor da expropriação após o cálculo é de NT$7.800.800, enquanto o valor de compra da área útil é de NT$5.929.404. Por conseguinte, a diferença de valor (NT$1.871.396) não é compensadora.

2. *O valor da taxa social de preferência temporal e o preço máximo da área útil por promotor são utilizados para comparação.* Uma vez que o benefício imediato e o valor futuro de cada indivíduo na sociedade são diferentes, a taxa de desconto social é o rácio entre estes valores. Embora o conceito de taxa de desconto social seja semelhante ao de "taxa de desconto", a taxa de juro do mercado não é utilizada para o cálculo. A taxa de preferência social temporal é a taxa de desconto do benefício nas despesas futuras em relação ao presente. O caso estudado baseia-se numa taxa de 6%, como indicado no Quadro 5. O valor atual da expropriação é convertido para o valor de desconto do enésimo ano com uma taxa de preferência social temporal de 6%, como indicado no Quadro 5. O conteúdo da Tabela 8 é derivado com base em 12.415 NT$/m^2 (O montante total é de NT$5.929.404).

Quadro 8 Comparação entre o preço máximo do promotor e o valor atual

Expropriado Tempo	Período de tempo	Expropriado Valor atual	Desenvolvedor Preço do teto	Montante Diferença
Atual	0	7,800,800	5,929,404	-1,871,396
Um ano depois	1	7,359,245	5,929,404	-1,429,841
Dois anos				

	2	6,942,684	5,929,404	-1,013,280
mais tarde				
Três anos				
	3	6,549,702	5,929,404	-620,298
mais tarde				
Quatro anos				
	4	6,178,964	5,929,404	-249,560
mais tarde				
Cinco anos				
	5	5,829,212	5,929,404	100,192
mais tarde				
Seis anos depois	6	5,499,256	5,929,404	430,148

Fonte: Trabalho de campo do presente estudo.

O valor da expropriação após o quinto ano é inferior ao preço máximo do promotor. Por conseguinte, não se prevê que o valor atual dos terrenos da reserva para equipamentos públicos sofra flutuações no prazo de cinco anos. Entretanto, não se prevê que a autarquia de Hsinchu exproprie a reserva no prazo de cinco anos, uma vez que o preço máximo do promotor é muito superior ao preço de expropriação com base no conceito de "desconto".

Os cálculos de acordo com a taxa de preferência de tempo social variam consoante as circunstâncias. O quadro 9 apresenta a análise de sensibilidade da diferença com base em diferentes preferências de tempo social.

Quadro 9 Duração necessária com diferentes taxas de preferência de tempo social

Taxa de preferência de tempo social	3%	4%	5%	6%	7%	8%	9%
O valor positivo ocorreu no enésimo ano	10	7	6	5	5	4	4

Fonte: Trabalho de campo do presente estudo.

Os proprietários de terras na reserva de equipamentos públicos podem lidar com as variações na taxa de preferência social temporal (3-9%) entre o quarto e o décimo ano, quando não se espera que a expropriação ocorra. Assim, os proprietários têm mais hipóteses de utilizar a transferência em bloco para maximizar os seus rendimentos quando a taxa de preferência social temporal é de 9%, uma vez que, neste caso, os proprietários não prevêem a expropriação dentro de dez anos.

V. Análise estratégica dos participantes

Os resultados calculados, apresentados na Figura 4, são convertidos nas seguintes estratégias indicadas pelos quatro quadrantes AC, AD, BC e BD.

Quadrante AC

A transação teve lugar na CA, em que os rendimentos calculados correspondem aos melhores interesses de ambas as partes, ou seja, ambas as partes concluíram o negócio com a melhor intenção.

Quadrante AD

Após cálculos preliminares, o promotor decide que a área adquirida maximizaria os retornos marginais e, assim, aumentaria o benefício, enquanto o proprietário do terreno considera o preço de compra demasiado baixo. Durante o processo de transação, o promotor assume uma posição de destaque e indica explicitamente o preço máximo. Se o preço for aumentado, o risco aumentará e as receitas diminuirão devido à incerteza do mercado no futuro. Com o domínio do promotor, o proprietário da reserva de instalações públicas não estaria disposto a vender a área útil ou estaria ansioso por reduzir o preço para adquirir os fundos. Em AD, o proprietário está em desvantagem, enquanto o promotor tem uma vantagem.

Quadrante BC

O promotor em BC manifesta interesse em comprar aos proprietários de terrenos numa reserva de instalações públicas, onde o proprietário está plenamente consciente de que os lucros aumentariam com os aumentos da área útil. O promotor procura ativamente um potencial proprietário de terras para comprar a reserva de instalações públicas, enquanto o proprietário de terras espera para ver o que aparece e espera por um preço mais elevado. O proprietário assume uma posição de destaque nas negociações com o potencial promotor, que por sua vez aumenta o preço de compra em troca de um maior lucro ou recorre a outro proprietário para negociar. No BC Quadrant, o promotor está em desvantagem, enquanto o proprietário da reserva de instalações públicas está em vantagem.

Quadrante BD

Tanto o promotor como o proprietário de terrenos na reserva de instalações públicas não negoceiam o negócio ou não manifestam interesse.

Uma vez que diferentes períodos de expropriação produzem resultados diferentes, é aplicada uma taxa de preferência social temporal de 6% para analisar o caso nas duas condições seguintes. O Cenário 1 simula o caso em que a expropriação deve ocorrer no prazo de cinco anos (o terceiro ano é um exemplo de expropriação), enquanto o Cenário 2 simula o caso em que não há expropriação no prazo de cinco anos.

5-1 *Cenário 1: A expropriação está prevista para ocorrer no prazo de cinco anos (tome o terceiro ano como exemplo).* A Figura 5 apresenta os payoffs do proprietário de terras na reserva de instalações públicas e do promotor, em que a unidade de cálculo é o preço aceite pelo proprietário de terras, e a TIR representa a taxa de retorno do promotor.

A O promotor pretende comprar enquanto a estratégia para o proprietário de terras na Reserva para Equipamentos Públicos é a seguinte: 5.929.404 <6.549.702, portanto a melhor estratégia para

o proprietário é "não vender".

B O proprietário da Reserva para Equipamentos Públicos pretende vender, enquanto a estratégia do promotor é a seguinte: 35%>25%, pelo que a melhor estratégia para o promotor é "comprar área útil".

C O proprietário do terreno na Reserva para Equipamentos Públicos opta pela estratégia de não vender a transferência do piso, enquanto a estratégia do promotor é a seguinte: 36%>24%, pelo que a estratégia óptima para o promotor é "comprar área útil".

D O promotor opta por não comprar a estratégia de área útil, enquanto a estratégia para o proprietário da Reserva para Equipamentos Públicos é a seguinte: 7.362.204>6.549.702, pelo que a estratégia mais desejável para o proprietário é "vender área útil".

Com base na investigação acima, o Equilíbrio de Nash é colocado no QuadranteAC, ou seja, quando os payoffs entre o proprietário da reserva de instalações públicas e o promotor são ≤ 6.549.702 ou ≥ 0,36, então a transação não é concluída e a transferência da área útil não ocorre.

5-2 *Cenário 2: Não ocorre qualquer expropriação no prazo de cinco anos (tomar o quinto ano como exemplo, como apresentado na Figura 6)*

A O promotor pretende comprar enquanto a estratégia para o proprietário do terreno na reserva de utilidade pública é a seguinte: 5.929.404>5.829.212, pelo que a estratégia mais favorável para o proprietário do terreno na reserva de utilidade pública é "vender".

B O proprietário da Reserva para Equipamentos Públicos pretende vender a área útil, enquanto a estratégia do promotor é a seguinte: 35%>25%, pelo que a estratégia óptima para o promotor é "comprar a área útil".

C O proprietário da Reserva de Equipamentos Públicos decide não vender a estratégia enquanto a estratégia para o promotor é a seguinte: 36%>24%, pelo que a estratégia mais desejável para o promotor é "comprar área útil".

D O promotor opta por não comprar a área útil enquanto a estratégia para o proprietário da reserva de instalações públicas é a seguinte: 7.362.204>5.829.212, pelo que a estratégia óptima para o proprietário de terrenos na reserva de instalações públicas é "vender a área útil".

No caso acima referido, o equilíbrio de Nash situa-se no quadrante AC, ou seja, a transação é suscetível de ser concluída quando os payoffs entre o proprietário do terreno na reserva de instalações públicas e o promotor são de 5.929.404 ou 0,35, como indicado na Fig.6. O proprietário vende a área útil para obter os fundos; o promotor obtém o benefício da aquisição, e o Governo da cidade de Hsinchu, que é o iniciador do jogo, pode adquirir a secção 422 LunTzu "distrito cultural e de escolas primárias" sem pagar.

Duas condições possíveis são analisadas de acordo com os cálculos acima em várias condições em que diferentes payoffs são considerados no jogo para julgamento indutivo. Os dados empíricos demonstram que o valor do terreno supera o preço máximo do promotor no cálculo do proprietário do terreno quando o sector público tenciona expropriar a reserva de equipamentos públicos no prazo de cinco anos, apesar de incentivar o promotor a participar. É pouco provável que a negociação seja concluída e que a transferência da área útil para a reserva de utilidade pública fracasse. Se o proprietário determinar que a reserva de equipamentos públicos não será expropriada pelo governo nos próximos cinco anos, o processo de desconto na taxa dc preferência social temporal permite-lhe optar por vender a área enquanto o preço máximo do promotor estiver dentro do intervalo de aceitação do proprietário. A transferência da área útil para a reserva de instalações públicas terá os efeitos pretendidos neste momento.

		Estratégias do promotor	
		A-comprar	B-não comprar
Estratégias dos proprietários de reservas de instalações públicas	C-venda	Cooperação mútua com a melhor das intenções	Vantagem/Desvantagem
	D-não para vender	Desvantagem/Avantagem	Nenhuma transação

Fig. 4. Estratégias entre o promotor e o proprietário de um terreno reservado a um equipamento público

Fonte: Trabalho de campo do presente estudo.

	Estratégias do promotor

		Compras A	B- não comprar
Estabelecimento público estratégias do proprietário da reserva	C-vendas	5,929,404\0.35	7,362,204\0.25
	D-não vender	≤6,549,702\≥0.36	6,549,702\0.24

Fig. 5. Estratégias e benefícios do promotor e do proprietário de um terreno reservado a um equipamento público - expropriado no terceiro ano

Fonte: Trabalho de campo do presente estudo.

		Estratégias do promotor	
		Compras A	B- não comprar
Estabelecimento público estratégias do proprietário da reserva	C-vendas	5,929,404\0.35	7,362,204\0.25
	D-não vender	≤5,829,212\≥0.36	5,829,212\0.24

Fig. 6. Estratégias e benefícios do promotor e do proprietário de um terreno reservado a um equipamento público - expropriado no quinto ano

Fonte: Trabalho de campo do presente estudo.

VI. CONCLUSÃO

Em Taiwan, a regulamentação atual permite que os terrenos reservados para instalações públicas sejam adquiridos de várias formas, incluindo a aplicação do "RAFTUP" para obter terrenos reservados para instalações públicas. A implementação da transferência da área útil está ainda numa fase inicial. Por conseguinte, é necessário ter cuidado ao executar esse plano, a fim de evitar encargos adicionais para o ambiente local. As abordagens mais viáveis para a aquisição de terrenos são atualmente o domínio eminente, a expropriação de zonas e o emparcelamento urbano. Este estudo conclui que os terrenos urbanizados recentemente adquiridos e convertidos a partir de terrenos agrícolas são adequados como área recetora da transferência de área útil. É necessário ter em conta as condições ambientais do lote recetor, do lote emissor e as medidas relativas. Se o lote recetor de uma transferência de área estiver localizado numa área recentemente desenvolvida, então o valor acrescentado das indústrias relacionadas, como o Parque Científico, deve ser abordado de forma a aumentar a aceitabilidade do mercado. Uma vez que a indústria de base regional pode trazer um grande afluxo de população empregada, criando assim um mercado de transferência de superfícies quando combinado com o mercado imobiliário. A análise do caso mostra que é menos provável que a transferência de superfície seja bem sucedida quando o sector público pretende expropriar a curto prazo (este estudo de caso toma como exemplo cinco anos), porque o valor atual do terreno, acrescido de 40% de indemnização, é suscetível de exceder o preço máximo do promotor. A transferência da área útil é viável quando a futura expropriação é adiada (mais de cinco anos, como o exemplo do caso), neste momento o "Equilíbrio de Nash" está no quadrante em que ambas as partes concordam que a transferência da área útil deve ser adoptada para negociar o acordo. Entretanto, o sector público pode também adquirir terrenos reservados a instalações públicas sem compensação, criando uma situação em que todos ganham. A prioridade futura para o sector público na obtenção de terrenos reservados a instalações públicas é investigar a viabilidade da transferência de área de chão em terrenos reservados a instalações públicas. A transferência da área útil deve ser utilizada para a aquisição de terrenos quando o resultado da viabilidade financeira se verificar no jogo. Se o cálculo falhar no teste de viabilidade, então o terreno pode ser listado para expropriação preferencial, e a aquisição da reserva de utilidade pública pode ser acelerada. No que respeita às recomendações para estudos futuros, existem numerosas categorias de terrenos reservados a equipamentos públicos. O "RAFTUP" existente é determinado a partir do rácio entre os valores patrimoniais actuais dos dois lotes. Os diferentes terrenos reservados a equipamentos públicos utilizam como ponto de referência o valor patrimonial atual da zona periférica. Atualmente, não é claro se este princípio é razoável. O processo de concorrência no jogo é variável, pelo que a negociação interactiva em curso na próxima ronda do jogo deve ser o ponto fulcral quando a transferência da área útil falha. O sector público e outros promotores/proprietários do terreno reservado a instalações públicas podem participar, melhorando assim os resultados após várias rondas. Além disso, a participação dos legisladores, dos grupos de pressão, das organizações sem fins lucrativos, das bases e das imprevisíveis eleições locais tornam-se variáveis no jogo.

VII. Agradecimentos

O autor gostaria de agradecer ao Ministério da Ciência e Tecnologia, R.O.C., pelo apoio financeiro a esta investigação ao abrigo do contrato n.º MOST 106-2410-H-130-055 -. Agradece-se a Ted Knoy pela sua assistência editorial.

VIII. REFERÊNCIAS

[1] . Anderson, J. E., State tax credits and land use: policy analysis of Circuit-Breaker effects, *Resource Energy Economics, 15*, 1993,295-312.

[2] . Anderson, J. E., Bunch, H. D., Agricultural property tax relief: tax credits, tax rate, andlandvalues, *Land Economics, 67*, 1989, 13-22.

[3] . Blakely, M., *An economic analysis of the effects of development rights purchases on land values in King County, Washington*, tese de mestrado, Washington State University, 1991.

[4] . Henneberry, D. M., Barrows, R. L., Capitalization of exclusive agricultural zoning into farmland prices, *Land Economics, 66,* 1990, 249-258.

[5] . Nickerson, C. J., Lynch, L., The effects of farmland preservation programs on farmland prices, *American Journal of Agricultural Economics, 83 (2),* 2001, 341-351.

[6] . Pasour, E. C. Jr., The Capitalization of real property taxes levied on farm real rstate, *American Journal OfAgriculturalEconomics February, 1975,* 539-548.

[7] . Vitaliano, D. F., Hill, C., Agricultural districts and farmland prices, *Journal of Real Estate Finance, 8,* 1994, 213-223.

Printed by Books on Demand GmbH, Norderstedt / Germany